もくじ

光村図書版 国語 6年 準拠

きほん 1

帰り道 (1)

教科書25〜40ページ

月　日

10分

／100点

1 ――の漢字の読み仮名を書きましょう。 一つ6〔48点〕

(1) 視点のちがい。（　）
(2) 砂ぼこり（　）
(3) 腹が減る。（　）
(4) 階段を下りる。（　）
(5) かたを並べる。（　）
(6) 雨が降る。（　）
(7) 非を認める。（　）
(8) 体を洗い流す。（　）

2 次の意味の言葉をア〜エから選んで、記号で答えましょう。 一つ9〔36点〕

(1) おもしろみがなくなり、気まずくなるようす。（　）
(2) 心の状態。気持ち。（　）
(3) 子どもの、わがままでいたずら好きな様子。（　）
(4) ものごとの進む速さ。（　）

ア 境地　イ 白ける　ウ テンポ　エ やんちゃ

3 次の――の言葉の使い方が正しいほうに、○をつけましょう。 一つ8〔16点〕

(1)
ア（　）列車は駅を出るとぐんぐん遠ざかった。
イ（　）雨は夕方になるとぐんぐん強くなった。

(2)
ア（　）弟は目覚まし時計が鳴ったのでもたもた起きた。
イ（　）弟は出発の時間が近いのにもたもたしている。

答えは65ページ

かくにん 1

帰り道 (1)

教科書25〜40ページ

月　日

10分　／100点

1 □に当てはまる漢字を書きましょう。　一つ8〔64点〕

(1) 立場と□□(してん)。
(2) □(すな)ぼこりが舞(ま)う。
(3) □(はら)を立てる。
(4) 長い□□(かいだん)。
(5) 商品を□(なら)べる。
(6) 雪が□(ふ)る。
(7) まちがいを□(みと)める。
(8) よごれを□(あら)い流す。

2 次の言葉と対(つい)の意味の言葉を□から選んで、漢字と送り仮名(がな)で書きましょう。　一つ6〔36点〕

(1) 行く←→(　　)
(2) きらい←→(　　)
(3) 近い←→(　　)
(4) 温かい←→(　　)
(5) 出る←→(　　)
(6) 暗い←→(　　)

あかるい　かえる　すき
とおい　はいる　つめたい

答えは65ページ

帰り道 (2)

月　日

／100点

1 ――の漢字の読み仮名(がな)を書きましょう。　一つ6〔60点〕

(1) 体内の異物。（　　）
(2) 単純な性格。（　　）（　　）
(3) 西日の反射。（　　）
(4) 背中をおす。（　　）
(5) 考えを捨てる。（　　）
(6) 舌をかむ。（　　）
(7) 球を乱打する。（　　）
(8) 弓を射る。（　　）
(9) 自分の背後。（　　）
(10) 列が乱れる。（　　）

2 次の漢字の部首名を書きましょう。　一つ4〔16点〕

(1) 視（　　）
(2) 降（　　）
(3) 異（　　）
(4) 背（　　）

3 （　）に当てはまる言葉を□から選んで、書きましょう。　一つ8〔24点〕

(1) 開園が待ちきれなくて（　　）する。
(2) 電車は（　　）遠ざかっていった。
(3) あせって（　　）したが、どうにもならなかった。

そわそわ　　みるみる　　じたばた

答えは65ページ

帰り道 (2)

教科書 25〜40ページ

月　日

10分

／100点

1 □に当てはまる漢字を書きましょう。　一つ6〔42点〕

(1) □□（いぶつ）が混ざる。

(2) □□（たんじゅん）な仕組み。

(3) 光が□□（はんしゃ）する。

(4) 馬の□□（せなか）に乗る。

(5) ごみを□（す）てる。

(6) □（した）を出す。

(7) ボールを□□（らんだ）する。

2 次の言葉と反対の意味の言葉を□から選んで、漢字に直して書きましょう。　一つ10〔40点〕

(1) 回答 ⟷ □□

(2) 人工 ⟷ □□

(3) 苦手 ⟷ □□

(4) 反対 ⟷ □□

さんせい　しぜん　しつもん　とくい

3 次の言葉に続くものを下から選んで、——で結びましょう。　一つ6〔18点〕

(1) 青く晴れわたった空を・　　・ア ふりあおぐ。

(2) よくない予感が頭を　・　　・イ はり上げる。

(3) 妹をよぼうと、大声を・　　・ウ かすめる。

答えは65ページ

教科書41〜43ページ

公共図書館を活用しよう

月　日

／100点

1 ——の漢字の読み仮名を書きましょう。　一つ7〔49点〕

(1) 地域の図書館。（　　）
(2) 雑誌を借りる。（　　）
(3) テレビの映像。（　　）
(4) 図を拡大する。（　　）
(5) 展示パネル（　　）
(6) 本を所蔵する。（　　）
(7) 家を訪問する。（　　）

2 次の言葉に当てはまるものをア〜カから三つずつ選んで、記号で答えましょう。　一つ7〔42点〕

(1) 施設（　）（　）（　）
(2) 資料（　）（　）（　）

ア　雑誌　　イ　資料館　　ウ　大活字本
エ　新聞　　オ　博物館　　カ　文学館

3 施設で調べたりしたことを、記録カードに書くときの順番になるように、（　）に番号を書きましょう。　完答〔9点〕

(1)（　）調べたこと
(2)（　）出典
(3)（　）分かったこと

答えは65ページ

公共図書館を活用しよう

教科書41～43ページ

月　日

10分　／100点

1 □に当てはまる漢字を書きましょう。　一つ10〔70点〕

(1) □□（ちいき）社会

(2) □□（ざっし）を読む。

(3) □□（えいぞう）を見る。

(4) 文字を□□（かくだい）する。

(5) 絵を□□（てんじ）する。

(6) □□（しょぞう）する本の数。

(7) 美術館を□□（ほうもん）する。

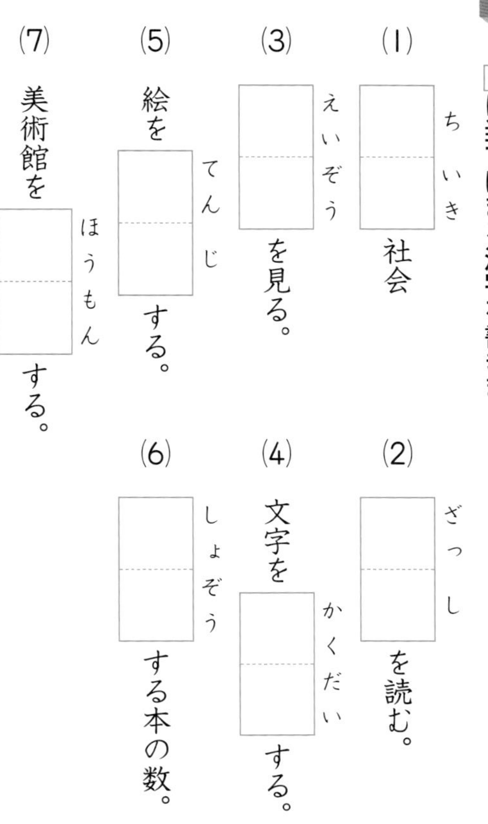

2 次の部首と組み合わせて漢字ができるものをア～カから選び、その記号を（　）に書き、できた漢字を□に書きましょう。　記号・漢字の両方できて一つ5〔30点〕

(1) 貝　（　）□　（　）□

(2) ⺘　（　）□　（　）□

(3) 言　（　）□　（　）□

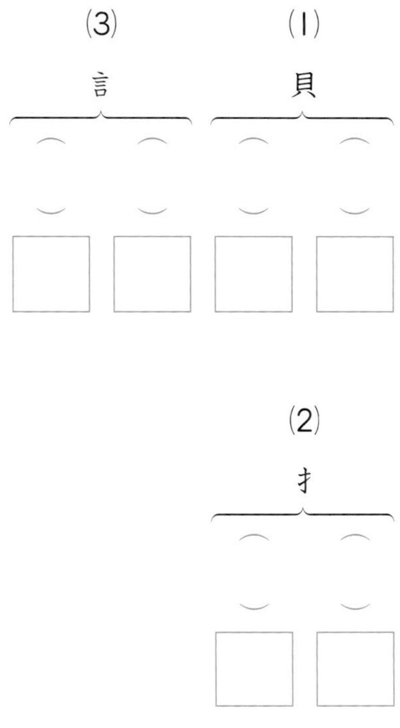

ア 次　イ 支　ウ 周　エ 正　オ 代　カ 舎

答えは65ページ

きほん 4

漢字の形と音・意味 (1)

教科書44〜45ページ

月　日

10分

／100点

1 ——の漢字の読み仮名を書きましょう。　一つ5〔40点〕

(1) 我々の要求。（　　）
(2) 文化の伝承。（　　）
(3) 蒸気機関車（　　）
(4) 細心の注意。（　　）
(5) 適切な対処。（　　）
(6) 銀行に就職する。（　　）
(7) 広い臨海公園。（　　）
(8) きまりに従う。（　　）

2 次の漢字に共通する部分をぬき出し、漢字に共通する音を平仮名で書きましょう。　一つ5〔60点〕

(1) 清・晴・精　あ共通部分□　い共通音（　　）
(2) 板・版・飯　あ共通部分□　い共通音（　　）
(3) 招・昭・照　あ共通部分□　い共通音（　　）
(4) 経・径・軽　あ共通部分□　い共通音（　　）
(5) 験・険・検　あ共通部分□　い共通音（　　）
(6) 化・花・貨　あ共通部分□　い共通音（　　）

答えは65ページ

教科書44～45ページ

漢字の形と音・意味 (1)

月　日

10分　／100点

1 □に当てはまる漢字を書きましょう。　一つ8〔56点〕

(1) □□(われわれ)の仲間。

(2) 昔話を□□(でんしょう)する。

(3) □□(じょうき)船の絵。

(4) 冷静に□□(たいしょ)する。

(5) 都会で□□(しゅうしょく)する。

(6) □□(りんかい)学校

(7) 命令に□(したが)う。

2 次の漢字に共通する部首と部首名を書きましょう。　一つ4〔8点〕

往復　部首□　部首名（　　）

3 〈例〉にならって、次の漢字の音読みを（　）に書き、その漢字を部分にもつ別の漢字を□に二つずつ書きましょう。　一つ4〔36点〕

〈例〉求　音読み→きゅう　漢字→救・球

(1) 則　音読み（　　）　漢字□□

(2) 責　音読み（　　）　漢字□□

(3) 長　音読み（　　）　漢字□□

答えは65ページ

きほん 5

教科書 44〜51ページ

漢字の形と音・意味 (2)
季節の言葉1 春のいぶき
聞いて、考えを深めよう

月　日

10分　／100点

1 ――の漢字の読み仮名を書きましょう。　一つ7〔56点〕

(1) 母の恩人。（　　）
(2) 裁判官の判断。（　　）
(3) 法律の改正。（　　）
(4) 人間の脳。（　　）
(5) 心臓が動く。（　　）
(6) 腸の働き。（　　）
(7) 肺で息をする。（　　）
(8) 胃がいたむ。（　　）

2 次の漢字に共通して付く部首名を書き、その部首が表す意味をア〜オから選んで、記号で答えましょう。　一つ6〔36点〕

(1) 漁・液・洗　部首名（　　）　部首の意味（　　）
(2) 持・技・接　部首名（　　）　部首の意味（　　）
(3) 許・評・認　部首名（　　）　部首の意味（　　）

ア 刀や刃物に関係する。
イ 手や手の動作に関係する。
ウ 水や液体に関係する。
エ 竹や竹製品に関係する。
オ 言葉の性質や作用に関係する。

3 （　）にあてはまる季節を表す言葉をア・イから選んで、記号で答えましょう。　一つ4〔8点〕

（　　）→雨水→啓蟄→（　　）→清明→穀雨

ア 春分　イ 立春

答えは66ページ

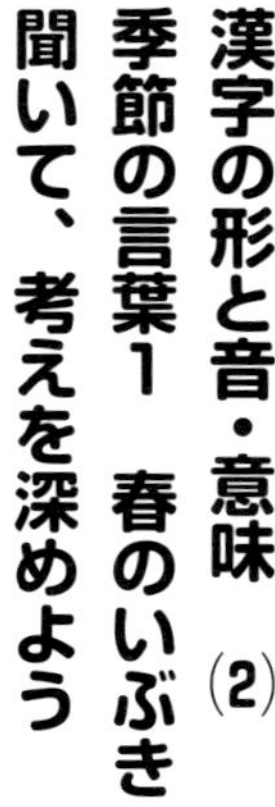

漢字の形と音・意味 (2)
季節の言葉1 春のいぶき
聞いて、考えを深めよう

教科書 44～51ページ

月　日

10分　／100点

1 □に当てはまる漢字を書きましょう。　一つ8〔64点〕

(1) 命の□□(おんじん)。

(2) □□□(さいばんかん)の仕事。

(3) □□(ほうりつ)の改正。

(4) 動物の□(のう)の発達。

(5) □□(しんぞう)の音を聞く。

(6) □(ちょう)の検査。

(7) 二つある□(はい)。

(8) □(い)が動く。

2 次の意味がある部首の付く漢字を［　］から選んで□に書き、その部首名を（　）に書きましょう。　一つ6〔36点〕

(1) 屋根や建物に関係している。
漢字 □　部首名（　　）

(2) イネなど農作物の種類や状態に関係している。
漢字 □　部首名（　　）

(3) 雨など天気の状態に関係している。
漢字 □　部首名（　　）

［ 庫　雪　肥　陸　細　税 ］

答えは66ページ

教科書52ページ

漢字の広場①

月　日

／100点

1 ――の漢字の読み仮名(がな)を書きましょう。　一つ4〔100点〕

(1) 桜の花。（　）
(2) 電気が復旧する。（　）
(3) 家の改築。（　）
(4) 防災に努める。（　）
(5) 航海に出る。（　）
(6) 火が燃える。（　）
(7) 句会を開く。（　）
(8) 立ち入り禁止。（　）
(9) 新婦の入場。（　）
(10) 船が寄港する。（　）
(11) 河口付近の町。（　）
(12) 仮説の検証。（　）
(13) 失敗の原因。（　）
(14) 仏像をほる。（　）
(15) 畑を耕す。（　）
(16) 停車したバス。（　）
(17) 水質を調べる。（　）
(18) 実態の調査。（　）
(19) 県境の道。（　）
(20) 入居する。（　）
(21) 重要な文化財。（　）
(22) 肥料をまく。（　）
(23) 団地に住む。（　）
(24) 往復はがき（　）
(25) アルプス山脈（　）

答えは66ページ

かくにん 6

漢字の広場①

教科書52ページ

月　日

10分　／100点

1 □に当てはまる漢字を書きましょう。　一つ4〔100点〕

(1) □□（じこ）の□□（げんいん）。

(2) □□（だんち）の□□（かいちく）。

(3) □□（ぶつぞう）の□□（れきし）。

(4) 文化□（ざい）の□□（ほご）。

(5) □（さくら）を□（かこ）む花見客。

(6) □□（くかい）に参加する。

(7) □□（かこう）の□□（すいしつ）。

(8) 道路の□□（ふっきゅう）作業。

(9) □□（ぼうさい）の取り組み。

(10) 太平洋への□□（こうかい）。

(11) たき火が□（も）える。

(12) 外出を□□（きんし）する。

(13) 実験で□□（けんしょう）する。

(14) □□（おうふく）きっぷ

(15) □□（ひりょう）の□□（ちょうさ）。

(16) □□（さんみゃく）をこえる。

(17) □□（けんざかい）を流れる川。

(18) 船が島へ□□（きこう）する。

答えは66ページ

教科書 53〜65ページ

笑うから楽しい 時計の時間と心の時間 主張と事例

月　日

／100点

1 ——の漢字の読み仮名(がな)を書きましょう。 一つ6〔66点〕

(1) 私たちの体。（　　）
(2) 密接な関係。（　　）
(3) 呼び起こす。（　　）
(4) 呼吸をする。（　　）
(5) 身近な存在。（　　）
(6) 決まった時刻。（　　）
(7) 刺(し)激を受ける。（　　）
(8) 簡単な実験。（　　）
(9) 机を並べる。（　　）
(10) 難しい作業。（　　）
(11) 疑問に思う。（　　）

2 次の言葉に続くものを下から選んで、——で結びましょう。 一つ6〔18点〕

(1) うれしい気持ちを・　　・ア 取りこむ。
(2) 多くの空気を　　・　　・イ 働きかける。
(3) 人の心の動きに　・　　・ウ 呼び起こす。

3 次の言葉の意味をア〜エから選んで、記号で答えましょう。 一つ4〔16点〕

(1) 経過（　　）　(2) 特性（　　）
(3) 平均（　　）　(4) えいきょう（　　）

ア ある力や作用が他のものに変化を起こさせること。
イ いくつかの数や量の中間的なあたい。
ウ 時間が過ぎていくこと。
エ そのものがもっている特別な性質。

答えは66ページ

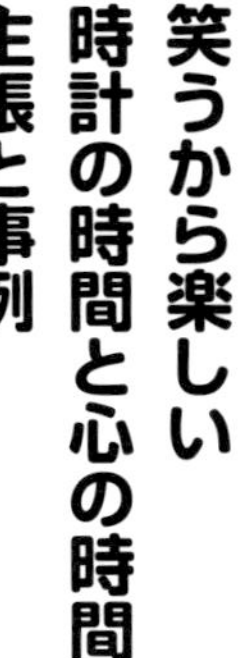

笑うから楽しい 時計の時間と心の時間 主張と事例

教科書 53～65ページ

月　日

10分　／100点

1 □に当てはまる漢字を書きましょう。　一つ7〔56点〕

(1) □□（みっせつ）な結びつき。

(2) □□（こきゅう）があらい。

(3) 大切な□□（そんざい）。

(4) 出発の□□（じこく）。

(5) 刺（し）□（げき）のあるにおい。

(6) □（つくえ）で勉強する。

(7) □（むずか）しい計算。

(8) □□（ぎもん）をもつ。

2 次の特別な読み方をする言葉の読み方を書きましょう。　一つ8〔16点〕

(1) 友達（　　）

(2) 部屋（　　）

3 次の言葉と反対の意味の言葉を、送り仮名（がな）をヒントにして書きましょう。　一つ7〔28点〕

(1) 少ない ↔ □い

(2) 泣く ↔ □う

(3) 増える ↔ □る

(4) 良い ↔ □い

答えは66ページ

教科書66〜67ページ

文の組み立て (1)

月　日

10分　／100点

1 ——の漢字の読み仮名を書きましょう。　一つ8〔48点〕

(1) 駅の券売機。（　　）
(2) 機械の故障。（　　）
(3) 立派な建物。（　　）
(4) 警察署へ行く。（　　）
(5) 銭湯へ通う。（　　）
(6) 会社に勤める。（　　）

2 次の文の＝＝の主語に対応する述語を、記号で答えましょう。　一つ8〔32点〕

(1) 町は　ア十年の　イ間に　ウすっかり　エ変わった。（　　）
(2) 太陽が　アのぼると　イ海は　ウきらきらと　エかがやいた。（　　）
(3) ぼくが　ア図書館で　イ借りた　ウ本は　エけっこう　オ古かった。（　　）
(4) 先生が　アチョークで　イ黒板に　ウ書いた　エ漢字は　オまだ　カ知らなかった。（　　）

3 次の文の＝＝の述語に対応する主語を、記号で答えましょう。　一つ10〔20点〕

(1) アわたしは　イ母と　ウ船で　エ川を　わたった。（　　）
(2) ア姉は　イ弟が　ウ遊んで　エいる　オ間に　勉強した。（　　）

答えは66ページ

かくにん8 文の組み立て (1)

教科書 66〜67ページ

月　日

10分　／100点

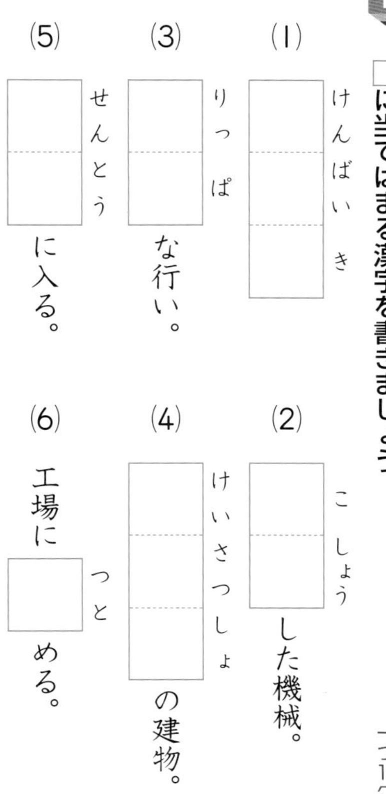

1 □に当てはまる漢字を書きましょう。 一つ10〔60点〕

(1) □□□（けんばいき）
(2) □□（こしょう）した機械。
(3) □□（りっぱ）な行い。
(4) □□□（けいさつしょ）の建物。
(5) □□（せんとう）に入る。
(6) 工場に□（つと）める。

2 次の文から、主語と述語の関係を二つさがして、記号で答えましょう。 主語・述語の両方ができて一つ5〔40点〕

(1) ア雨が　イ上がると、　ウ雲の　エ切れめから　オ太陽が　カ見えた。
主語（　）—述語（　）・主語（　）—述語（　）

(2) アぼくが　イかいた　ウ絵が、　エコンクールで　オ入賞した。
主語（　）—述語（　）・主語（　）—述語（　）

(3) ア父は　イ新聞を　ウ読み、　エ母は　オ手ぶくろを　カ編んだ。
主語（　）—述語（　）・主語（　）—述語（　）

(4) アわたしが　イ育てた　ウあさがおが　エきれいな　オ花を　カさかせた。
主語（　）—述語（　）・主語（　）—述語（　）

答えは66ページ

教科書 66～67ページ

文の組み立て ⑵

月　日

10分　／100点

1 ――の漢字の読み仮名(がな)を書きましょう。　一つ10〔60点〕

(1) 諸外国の名所。（　　）
(2) 情報の提供。（　　）
(3) 収納する。（　　）
(4) 二枚の着物。（　　）
(5) 美しく染める。（　　）
(6) 宣言する。（　　）

2 次の文を同じ内容になるように二つの文に分けたとき、（　）に当てはまる言葉を書きましょう。　一つ10〔40点〕

(1) 昨日は暑かったので、ぼくは水をよく飲んだ。
・昨日は暑かった。
（　　）

(2) わたしが読んだ本は友達から借りたものだ。
・わたしは本を読んだ。
（　　）

(3) 母が勤めているスーパーは多くの人が利用する。
・母はスーパーに勤めている。
（　　）

(4) 妹は今まで姉が着ていた洋服を着ていた。
・妹は洋服を着ていた。
（　　）

答えは67ページ

かくにん 9

文の組み立て ⑵

教科書 66～67ページ

月　日

10分　／100点

1 □に当てはまる漢字を書きましょう。　一つ9〔54点〕

⑴ □□□（しょがいこく）の人。

⑵ 写真の□□（ていきょう）。

⑶ □□（しゅうのう）ボックス

⑷ □□（にまい）の紙。

⑸ 布を□（そ）める。

⑹ 姉妹都市□□（せんげん）

2 次の文を同じ内容になるように二つの文に分けて書きましょう。　⑴は一つ7 ⑵⑶は一つ8〔46点〕

⑴ 空が暗くなってきて、大つぶの雨が降り出した。

（　　　　　　　　）
（　　　　　　　　）

⑵ 私が作ったケーキを、妹はおいしそうに食べた。

（　　　　　　　　）
（　　　　　　　　）

⑶ ぼくが大切にしていたコップがわれてしまった。

（　　　　　　　　）
（　　　　　　　　）

答えは67ページ

教科書68～88ページ

きほん10 たのしみは／天地の文 情報と情報をつなげて伝えるとき デジタル機器と私たち 季節の言葉2 夏のさかり／私と本

月　日

10分　／100点

1 ——の漢字の読み仮名を書きましょう。 一つ6〔66点〕

(1) 日常の暮らし。（　）
(2) 出口を探す。（　）
(3) 星座を見つける。（　）
(4) 幼いとき。（　）
(5) 本の著作権。（　）
(6) 考えを尊重する。（　）
(7) 東京消防庁（　）
(8) 発電の装置。（　）
(9) 荷物を届ける。（　）
(10) テーマに沿う。（　）
(11) 三冊の本。（　）

2 短歌の説明になるように、（　）に当てはまる漢数字を書きましょう。 一つ6〔18点〕

短歌は、五・七・（　）・七・（　）の（　）音で作られた短い詩です。

3 次の文末は、ア事実とイ意見のどちらですか。記号で答えましょう。 一つ6〔12点〕

(1) ——と思われる。（　）
(2) ——があった。（　）

4 夏を表す言葉でないものをア～エから選んで、記号で答えましょう。 〔4点〕

ア 立夏（りっか）　イ 清明（せいめい）　ウ 大暑（たいしょ）　エ 夏至（げし）（　）

答えは67ページ

教科書68～88ページ

たのしみは／天地の文 情報と情報をつなげて伝えるとき デジタル機器と私たち 季節の言葉2 夏のさかり／私と本

月　日

10分

／100点

1 □に当てはまる漢字を書きましょう。　一つ8〔64点〕

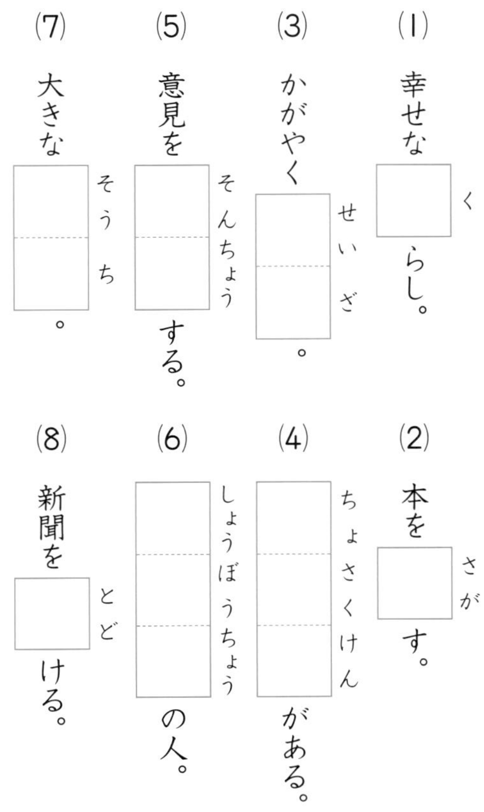

(1) 幸せな□（く）らし。

(2) 本を□（さが）す。

(3) かがやく□□（せいざ）。

(4) □□□（ちょさくけん）がある。

(5) 意見を□□（そんちょう）する。

(6) □□□（しょうぼうちょう）の人。

(7) 大きな□□（そうち）。

(8) 新聞を□（とど）ける。

2 提案する文章を次のような構成でまとめました。（　）に当てはまる言葉をア～エから選んで、記号で答えましょう。　一つ9〔36点〕

(1) 提案のきっかけ…（　）・（　）

↓

(2) 提案…（　）・（　）

↓

まとめ

ア 具体的な提案内容

イ 自分たちの体験や経験

ウ 改ぜんしたい現状

エ 提案が実現した際の効果

答えは67ページ

教科書89～97ページ

星空を届けたい

月　日

／100点

1 ——の漢字の読み仮名を書きましょう。　一つ4〔40点〕

(1) 宇宙の解説。（　　）
(2) 俳句を作る。（　　）
(3) 老若男女（ろうにゃくなんにょ）（　　）
(4) 試行錯（さく）誤する（　　）
(5) 字幕を読む。（　　）
(6) 毎晩空を見る。（　　）
(7) 望遠鏡の模型。（　　）
(8) のぞき窓（　　）
(9) 出発を延ばす。（　　）
(10) 議論する（　　）

2 次の漢字の部首の名前を書きましょう。　一つ5〔20点〕

(1) 例（　　）
(2) 利（　　）
(3) 幕（　　）
(4) 窓（　　）

3 ——の言葉を漢字で書いたとき正しいほうに、○をつけましょう。　一つ8〔40点〕

(1) 喜びをあらわす。　ア（　）現　イ（　）表
(2) 物語のはじめ。　ア（　）初　イ（　）始
(3) まわりにいる人。　ア（　）回　イ（　）周
(4) 星の数がかわる。　ア（　）代　イ（　）変
(5) あつみのある本。　ア（　）厚　イ（　）熱

答えは67ページ

星空を届けたい

教科書89～97ページ

月　日

10分　／100点

1 □に当てはまる漢字を書きましょう。 一つ7〔56点〕

(1) 広大な［うちゅう］。

(2) ［はいく］をよむ。

(3) 時代錯（さく）［ご］

(4) 映画の［じまく］。

(5) ［まいばん］早くねる。

(6) 車の［もけい］を作る。

(7) ［まど］の外を見る。

(8) ［ぎろん］を重ねる。

2 ——の漢字を正しい漢字に直して書きましょう。 一つ8〔32点〕

(1) 実<u>検</u>を行う。 □

(2) 男<u>生</u>と会う。 □

(3) 六<u>固</u>の点。 □

(4) <u>強</u>力する。 □

3 次の二つの文字に共通する部首を書いて二字じゅく語を作り、書きましょう。 一つ6〔12点〕

(1) 義侖

(2) 千由

答えは67ページ

きほん 12

教科書98～109ページ

せんねん　まんねん／名づけられた葉
いちばん大事なものは
インターネットでニュースを読もう
文章を推敲しよう

月　日

10分

／100点

1 ――の漢字の読み仮名を書きましょう。　一つ6〔60点〕

(1) 木の樹液。（　　）
(2) 本を閲覧する。（　　）
(3) 商品の値上げ。（　　）
(4) 観光資源（　　）
(5) 敗退する。（　　）
(6) 厳しい残暑。（　　）
(7) 俳優の写真。（　　）
(8) 体重の推定。（　　）
(9) 貴重な発見。（　　）
(10) 対策を立てる。（　　）

2 漢字の使い方が正しいほうに、〇をつけましょう。　一つ6〔12点〕

(1) 新聞の　ア（　）記事　イ（　）記字
(2) 文章の　ア（　）講成　イ（　）構成

3 インターネットのニュースサイトのトップページに表示されていることについて、次の(1)・(2)に当てはまることをア～エから二つずつ選んで、記号で答えましょう。　一つ7〔28点〕

(1) ひんぱんに更新されて、表示が入れかわるもの。（　　）（　　）
(2) いつも表示されているもの。（　　）（　　）

ア　トップニュース　　イ　サイト名
ウ　分野名のボタン　　エ　ニュースのランキング

答えは67ページ

教科書 98～109ページ

せんねん　まんねん／名づけられた葉
いちばん大事なものは
インターネットでニュースを読もう
文章を推敲（こう）しよう

月　日

10分　／100点

1 □に当てはまる漢字を書きましょう。　一つ7〔56点〕

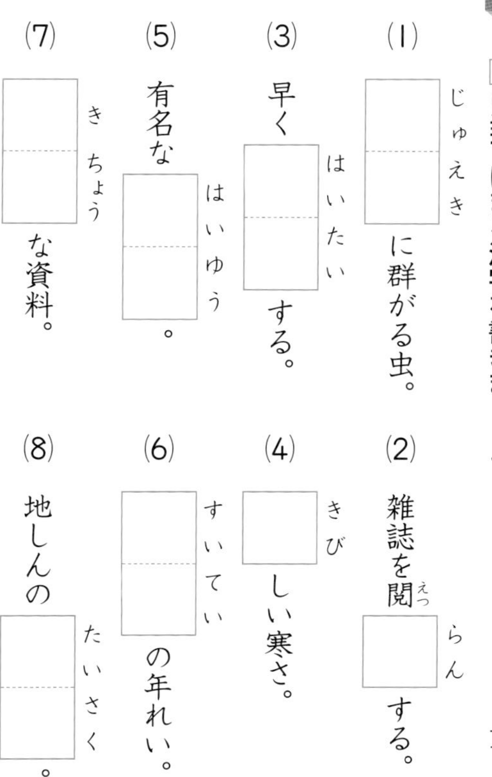

(1) □□（じゅえき）に群がる虫。

(2) 雑誌を閲（えつ）□（らん）する。

(3) 早く□□（はいたい）する。

(4) □（きび）しい寒さ。

(5) 有名な□□（はいゆう）。

(6) □□（すいてい）の年れい。

(7) □□（きちょう）な資料。

(8) 地しんの□□（たいさく）。

2 次の言葉の反対の意味の言葉を書きましょう。　一つ8〔16点〕

(1) 増やす↔（　　　）

(2) 易しい↔（　　　）

3 インターネットを使って情報を得るときに大切なことを述べた、次の文の（　）にあてはまる言葉をア～エから選んで、記号で答えましょう。　一つ7〔28点〕

(1) いつ、だれによって（　）された情報かに注意する。

(2) （　）を正しく読み取る。

(3) （　）できる情報かどうかを（　）する。

ア 事実　イ 信頼（らい）　ウ 発信　エ 判断

答えは68ページ

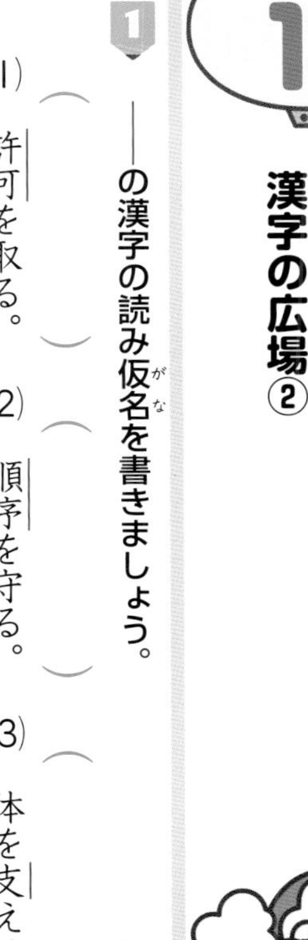

きほん 13

教科書110ページ

漢字の広場②

月　日

10分　／100点

1 ――の漢字の読み仮名を書きましょう。　一つ4〔92点〕

(1) 許可を取る。（　）
(2) 順序を守る。（　）
(3) 体を支える。（　）
(4) 本の貸し出し。（　）
(5) 条件を満たす。（　）
(6) 可能な計画。（　）
(7) 祖父の手紙。（　）
(8) 人数を減らす。（　）
(9) 手間を増やす。（　）
(10) 仮面をかぶる。（　）
(11) 銅像が建つ。（　）
(12) たのみを断る。（　）
(13) 似顔絵をかく。（　）
(14) 混雑した会場。（　）
(15) 酸味がある。（　）
(16) 気に留める。（　）
(17) 大勢の人。（　）
(18) 目に余る。（　）
(19) 長さを比べる。（　）
(20) 学校の規則。（　）
(21) 駅までの略図。（　）
(22) 空の容器。（　）
(23) 数を確かめる。（　）

2 反対の意味をもつ漢字を□から選んで、書きましょう。　一つ2〔8点〕

(1) 数を□(ふ)やす。 ↔ 数を□(へ)らす。
(2) 本を□(か)す。 ↔ 本を□(か)りる。

借　減　増　貸

答えは68ページ

かくにん 13

漢字の広場②

教科書110ページ

月　日

10分

／100点

1 □に当てはまる漢字を書きましょう。　一つ5〔100点〕

(1) □□（ようき）が□（あま）る。

(2) □□（りゃくず）と□（くら）べる。

(3) □□（きょか）が下りる。

(4) □□（じゅんじょ）よく並ぶ。

(5) 家計を□（ささ）える。

(6) 参加の□□（じょうけん）。

(7) □□（かのう）な限り進む。

(8) □□（そふ）の家。

(9) □□（かめん）をつける。

(10) 校長の□□（どうぞう）。

(11) 申し出を□（ことわ）る。

(12) 母の□□□（にがおえ）。

(13) □□（こんざつ）した電車。

(14) □□（さんみ）を感じる。

(15) ボタンを□（と）める。

(16) □□（おおぜい）の前で歌う。

(17) □□（きそく）に従う。

(18) 実験で□（たし）かめる。

答えは68ページ

きほん 14

やまなし
イーハトーヴの夢

教科書 111〜134ページ

月　日

10分　／100点

1 ――の漢字の読み仮名を書きましょう。　一つ5〔65点〕

(1) あみが縮む。（　　）
(2) まっすぐな棒。（　　）
(3) なしが熟す。（　　）
(4) 曲尺（かね）を使う。（　　）
(5) 寸法を測る。（　　）
(6) 指揮者になる。（　　）
(7) 痛みを感じる。（　　）
(8) 批評の言葉。（　　）
(9) 心が傷つく。（　　）
(10) 農家の若者。（　　）
(11) 協会を閉じる。（　　）
(12) 遺書を書く。（　　）
(13) 翌日の朝。（　　）

2 （　）に当てはまる言葉をア〜オから選んで、記号で答えましょう。　一つ7〔35点〕

(1) 川の中を（　　）あわが流れていく。
(2) 光に反射した波が（　　）ゆれている。
(3) あまりのこわさに（　　）ふるえる。
(4) 川の水面が日の光で（　　）光る。
(5) 川の水が（　　）音を立てて流れる。

ア　きらきら　　イ　サラサラ　　ウ　つぶつぶ
エ　ぶるぶる　　オ　ゆらゆら

答えは68ページ

やまなし イーハトーヴの夢

教科書111〜134ページ

月　日

10分　／100点

1 □に当てはまる漢字を書きましょう。　一つ7〔70点〕

(1) □（ぼう）を持つ。

(2) りんごが□（じゅく）す。

(3) 曲（かね）□（じゃく）で測る。

(4) 楽隊の□□□（しきしゃ）。

(5) 文章を□□（ひひょう）する。

(6) 相手が□（きず）つく。

(7) 東京の□□（わかもの）。

(8) 店を□（と）じる。

(9) □□（いしょ）を残す。

(10) □□（よくじつ）の夜。

2 （　）に当てはまる言葉をア〜カから選んで、記号で答えましょう。　一つ5〔30点〕

(1) 谷川の上の方は、青く暗く（　）のように見えた。

(2) 川の中のあわは、（　）のように光った。

(3) 魚たちは口を（　）のように円くしてやって来た。

(4) その青いものの先は（　）のように黒くとがっていた。

(5) 楽しかった出来事は（　）のように終わってしまった。

(6) 植物の心を（　）のように思って本を書いた。

ア　コンパス　　イ　自分のこと　　ウ　水銀
エ　鋼（はがね）　　オ　輪　　カ　夢

答えは68ページ

きほん 15

漢字の広場③

教科書135ページ

月　日

10分

／100点

1 ――の漢字の読み仮名を書きましょう。　一つ4〔100点〕

(1) 招待状を出す。（　）
(2) ねこを飼う。（　）
(3) 船が現れる。（　）
(4) 快適に過ごす。（　）
(5) 暴風雨にあう。（　）
(6) 気象の変化。（　）
(7) 非常事態になる。（　）
(8) 近くの墓場。（　）
(9) 車の破損。（　）
(10) 独りになる。（　）
(11) 殺風景な場所。（　）
(12) 道に迷う。（　）
(13) 限界をこえる。（　）
(14) 険しい道。（　）
(15) 木の枝。（　）
(16) 夢を見る。（　）
(17) 深い絶望。（　）
(18) 正義の味方。（　）
(19) 感謝の気持ち。（　）
(20) 再会をする。（　）
(21) 質問をする。（　）
(22) 博識な人。（　）
(23) 救助に向かう。（　）
(24) 無事を喜ぶ。（　）
(25) 久しぶりに会う。（　）

答えは68ページ

漢字の広場③

月　日

10分

／100点

1 □に当てはまる漢字を書きましょう。　一つ4〔100点〕

(1) □□□（しょうたいじょう）を送る。

(2) 羊□（か）いの□（ひと）り言。

(3) □（ゆめ）に□（あらわ）れる。

(4) □□（かいてき）な□□（いどう）。

(5) 気□（しょう）に関する□（しつ）問。

(6) □□□（ぼうふうう）の予報。

(7) □□□□（ひじょうじたい）

(8) □□（はかば）の木の□（えだ）。

(9) 時計が□□（はそん）する。

(10) □□□（さっぷうけい）な部屋。

(11) □（けわ）しい山で□（まよ）う。

(12) 優勝は□□（ぜつぼう）的だ。

(13) □□（きゅうじょ）を待つ。

(14) 力の□□（げんかい）。

(15) □□（せいぎ）と悪。

(16) □□（はくしき）な学者。

(17) □□（さいかい）を□（よろこ）ぶ。

(18) □（ひさ）しぶりの外出。

答えは68ページ

きほん 16

熟語の成り立ち (1)

教科書136～137ページ

月　日

10分　／100点

1 ――の漢字の読み仮名（がな）を書きましょう。　一つ4〔36点〕

(1) 縦横に走る道。（　　　）
(2) 山頂に着く。（　　　）
(3) 洗顔をする。（　　　）
(4) 忠誠をちかう。（　　　）
(5) 強敵に会う。（　　　）
(6) 養蚕を営む。（　　　）
(7) 玉石混交の品。（　　　）
(8) 自己満足（　　　）
(9) 道路の除雪。（　　　）

2 次の熟語の成り立ちはア～エのどれに当てはまりますか。記号で答えましょう。　一つ4〔64点〕

(1) 勤務（　）　(2) 洗顔（　）　(3) 湖底（　）
(4) 縦横（　）　(5) 訪問（　）　(6) 除雪（　）
(7) 長短（　）　(8) 山頂（　）　(9) 着席（　）
(10) 強敵（　）　(11) 養蚕（　）　(12) 玉石（　）
(13) 自己（　）　(14) 苦楽（　）　(15) 温泉（　）
(16) 裏庭（　）

ア　意味が対（つい）になる漢字の組み合わせ。
イ　似た意味の漢字の組み合わせ。
ウ　上の漢字が下の漢字を修飾（しょく）する関係にある組み合わせ。
エ　「――を」「――に」に当たる意味の漢字が下に来る組み合わせ。

答えは68ページ

かくにん 16

熟語の成り立ち (1)

教科書136〜137ページ

月　日

10分　／100点

1 □に当てはまる漢字を書きましょう。　一つ4〔28点〕

(1) □□（じゅうおう）に走る地下鉄。

(2) □□（さんちょう）を目指す。

(3) □□（ちゅうせい）をつくす。

(4) □□（きょうてき）と戦う。

(5) □□（ようさん）で栄えた町。

(6) □□（じこ）しょうかい

(7) □□（じょせつ）作業をする。

2 次の成り立ちの熟語になるように、□に当てはまる漢字を〔　〕から選んで書きましょう。（同じ漢字は一回しか使えません。）　一つ9〔72点〕

(1) 似た意味の漢字の組み合わせ。
㋐ 永□　㋑ □益

(2) 上の漢字が下の漢字を修飾（しゅうしょく）する関係にある組み合わせ。
㋐ 水□　㋑ 親□　㋒ 益□

(3) 「──を」「──に」に当たる意味の漢字が下に来る組み合わせ。
㋐ □水　㋑ 感□　㋒ □幕

〔温　開　久　心　鳥　防　友　利〕

答えは68ページ

きほん 17

教科書136〜139ページ

熟語の成り立ち (2)
季節の言葉3　秋の深まり

月　日

10分　／100点

1 ――の漢字の読み仮名を書きましょう。　一つ5〔45点〕

(1) 苦楽を共にする。(　　)
(2) 仁愛の心。(　　)
(3) 温泉に入る。(　　)
(4) 学校の裏庭。(　　)
(5) 銀河系の星。(　　)
(6) 国連の加盟国。(　　)
(7) 意欲的な人。(　　)
(8) 画一的な教育。(　　)
(9) 株式会社の建物。(　　)

2 次の三字熟語はア〜ウのどれに当てはまりますか。記号で答えましょう。　一つ5〔30点〕

(1) 不安定 (　　)　(2) 画一的 (　　)　(3) 市町村 (　　)
(4) 解決策 (　　)　(5) 裏表紙 (　　)　(6) 衣食住 (　　)

ア　二字の語の頭に一字を加えた熟語。
イ　二字の語の後ろに一字を加えた熟語。
ウ　一字の語の集まりからなる熟語。

3 次のうち、一字の語の集まりから成る熟語に○を、いくつかの語の集まりから成る熟語に×をつけましょう。　一つ5〔25点〕

(1) 春夏秋冬 (　　)　(2) 非科学的 (　　)
(3) 沿岸漁業 (　　)　(4) 東西南北 (　　)
(5) 国立競技場 (　　)

答えは69ページ

かくにん 17

教科書136〜139ページ

熟語の成り立ち (2)
季節の言葉3　秋の深まり

月　日

10分

／100点

1 □に当てはまる漢字を書きましょう。 一つ4〔28点〕

(1) □□（じんあい）の精神。

(2) 古い□□（おんせん）旅館。

(3) □□（うらにわ）の花だん。

(4) □□□（ぎんがけい）の果て。

(5) EU（イーユー）の□□□（かめいこく）。

(6) □□□（いよくてき）に話す。

(7) 都内の□□（かぶしき）会社。

2 □に「不」「未」「無」「非」のどれかを入れて、熟語を作りましょう。 一つ9〔36点〕

(1) □確実

(2) □常口

(3) □意識

(4) □解決

3 次の文の□に「的」「化」「性」のどれかを入れましょう。 一つ9〔36点〕

(1) 問題が表面□する。

(2) 具体□に書く。

(3) 芸術□の高い作品。

(4) 合理□を進める。

答えは69ページ

きほん 18

教科書 140〜147ページ

みんなで楽しく過ごすために
伝えにくいことを伝える

月　日

10分　／100点

1 ——の漢字の読み仮名を書きましょう。　一つ8〔88点〕

(1) 改善点がある。（　　）
(2) 班ごとの活動。（　　）
(3) 危険がない。（　　）
(4) 役割を決める。（　　）
(5) 否定的な意見。（　　）
(6) 静かな口調。（　　）
(7) 至急の伝令。（　　）
(8) 帰宅する時刻。（　　）
(9) 砂糖を入れる。（　　）
(10) 紅茶を飲む。（　　）
(11) 善い心がけ。（　　）

2 目的や条件に応じて話し合う前に気をつけることをまとめました。（　）に当てはまる言葉をア〜オから選んで、記号で答えましょう。同じ記号を何度も使ってもかまいません。　一つ2〔12点〕

(1) 初めに（　　）を確かめ、（　　）や条件をはっきりさせる。
(2) （　　）や条件に合わせて、自分の（　　）や理由、根拠（きょ）をはっきりさせる。
(3) （　　）や記録係を決め、進行計画を立て、（　　）を決める。

ア　議題　　イ　司会　　ウ　時間配分
エ　主張　　オ　目的

答えは69ページ

教科書140〜147ページ

みんなで楽しく過ごすために
伝えにくいことを伝える

月　日

10分　／100点

1 □に当てはまる漢字を書きましょう。　一つ8〔96点〕

(1) 今後の□□□（かいぜんてん）。
(2) □（はん）に分かれる。
(3) □□（きけん）な場所。
(4) □□（やくわり）の分たん。
(5) □□□（ひていてき）な考え。
(6) □□（しきゅう）もどる。
(7) すぐに□□（きたく）する。
(8) □□（さとう）はあまい。
(9) □□（こうちゃ）を入れる。
(10) □（よ）い行動。
(11) 夜道は□（あぶ）ない。
(12) 母の□□（くちべに）。

2 次の言い方は、どんなときに使われますか。ア〜ウから選んで、記号で答えましょう。　一つ2〔4点〕

(1) 「――したい。」「――してほしい。」という言い方。（　　）
(2) 「――がよいと思う。」「――に賛成だ。」という言い方。（　　）

ア　具体的に事実の説明をするとき。
イ　自分の提案や希望を述べるとき。
ウ　自分の考えを述べるとき。

答えは69ページ

教科書148〜154ページ

話し言葉と書き言葉
古典芸能の世界
狂言(きょうげん)「柿山伏(かきやまぶし)」を楽しもう

月　日

10分　／100点

1 ——の漢字の読み仮名(がな)を書きましょう。　一つ6〔42点〕

(1) 卵の料理。（　　）
(2) 地元産の牛乳。（　　）
(3) 創業以来の方法。（　　）
(4) 三味線(しゃみせん)の伴(ばん)奏。（　　）
(5) 誕生する。（　　）
(6) 困ること。（　　）
(7) 看病をする。（　　）

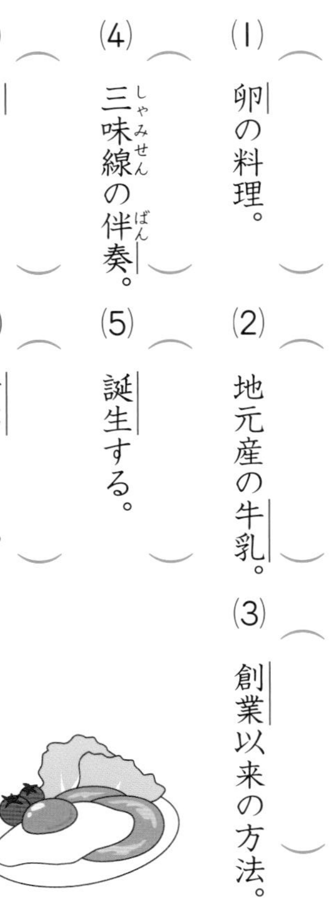

2 次の漢字の太い部分は何画目に書きますか。漢数字で書きましょう。　一つ8〔16点〕

(1) 卵（　　）画目　(2) 創（　　）画目

3 次のうち、「書き言葉」の説明や特徴(ちょう)に当てはまるものには○、「話し言葉」の説明や特徴に当てはまるものには△を書きましょう。　一つ6〔42点〕

(1) 音声で表す言葉。（　）
(2) 文字で表す言葉。（　）
(3) 手元をはなれると直せないので、誤解をあたえないように注意する必要がある。（　）
(4) 「ええと」など、むだな言葉がはさまれることがある。（　）
(5) 言いまちがいをすぐに直せる。（　）
(6) 共通語を使い、語順や構成を整えて表すことが多い。（　）
(7) 声の大きさや間の取り方などで気持ちを表せる。（　）

答えは69ページ

話し言葉と書き言葉
古典芸能の世界
狂言「柿山伏」を楽しもう

教科書 148～154ページ

月　日

10分　／100点

1 □に当てはまる漢字を書きましょう。　一つ4〔36点〕

(1) □（たまご）を食べる。

(2) □□（ぎゅうにゅう）を飲む。

(3) □□（そうぎょう）以来の伝統。

(4) ピアノの伴（ばん）□（そう）。

(5) 子犬の□□（たんじょう）。

(6) 返事に□（こま）る。

(7) けが人の□□（かんびょう）。

(8) 文化を□（つく）る。

(9) □□（こんなん）に立ち向かう。

2 次のうち、書き言葉を使うものには○、話し言葉を使うものには△を書きましょう。　一つ8〔64点〕

(1) 先生に手紙を書くとき。（　）

(2) 親せきの人と電話で話すとき。（　）

(3) 自分の意見を作文にまとめるとき。（　）

(4) 家族と旅行の予定を話し合うとき。（　）

(5) クラスの人と休み時間に話すとき。（　）

(6) クラスの人に見せるためのかべ新聞を作るとき。（　）

(7) 友達と公園で遊ぶ時。（　）

(8) 夏休みに日記をつけるとき。（　）

答えは69ページ

きほん 20

教科書155～169ページ

『鳥獣戯画』を読む 発見、日本文化のみりょく

月　日

10分　／100点

1 ――の漢字の読み仮名を書きましょう。　一つ4〔36点〕

(1) いく筋かの線。（　　）
(2) 盛り上がる。（　　）
(3) 動物の骨格。（　　）
(4) 甲巻の絵。（　　）
(5) 国宝の仏像。（　　）
(6) 郷土料理（　　）
(7) 自然を敬う。（　　）
(8) ねじを巻く。（　　）
(9) 宝を見つける。（　　）

2 次の意味の言葉をア～クから選んで、記号で答えましょう。　一つ8〔64点〕

(1) おじけづいてしりごみをする。（　　）
(2) 現代的であること。（　　）
(3) 宙返りをするようにひっくり返る。（　　）
(4) 調子を上げたり下げたりすること。（　　）
(5) どことなく上品で気高い様子。（　　）
(6) なごやかで楽しい気分に満ちあふれている様子。（　　）
(7) 生き生きと活動すること。（　　）
(8) 筆の上手な取りあつかい方。（　　）

ア 気品　イ ひるむ　ウ 和気あいあい
エ 躍動　オ モダン　カ もんどりうつ
キ 抑揚　ク 筆さばき

答えは69ページ

教科書155～169ページ

『鳥獣戯画（ちょうじゅうぎが）』を読む
発見、日本文化のみりょく

月　日

／100点

1 □に当てはまる漢字を書きましょう。　一つ8〔72点〕

(1) いく□（すじ）かのけむり。

(2) 話が□（も）り上がる。

(3) 人間の□□（こっかく）。

(4) 全三□（かん）の小説。

(5) □□（こくほう）を展示する。

(6) □□（きょうど）資料館

(7) 目上の人を□（うやま）う。

(8) 人間の□□（きんにく）。

(9) □□（けいろう）の日

2 次の文中からまちがって使われている漢字をぬき出し、正しく書き直しましょう。　両方できて一つ7〔28点〕

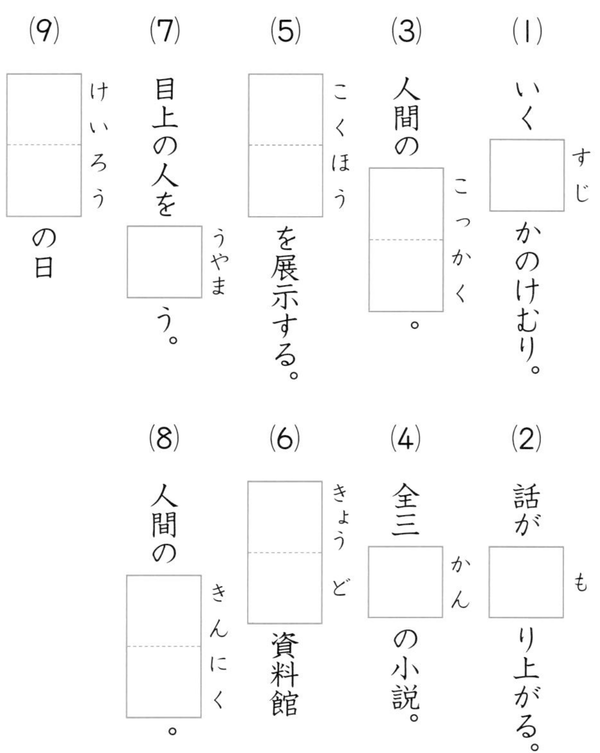

(1) 十世記の前半に書かれた物語。　□→□

(2) 文に絵をそえる功果を考える。　□→□

(3) 競技で反測のため負けとなった。　□→□

(4) 源理はアニメと同様のものである。　□→□

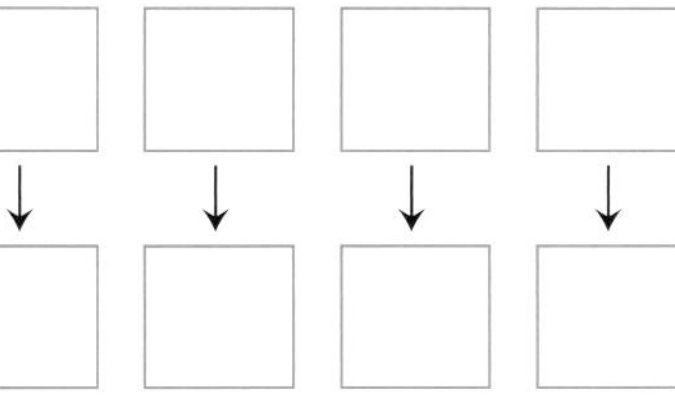

答えは69ページ

きほん 21

教科書 170～171ページ

カンジー博士の漢字学習の秘伝 (1)

月　日

10分　／100点

1 ――の漢字の読み仮名を書きましょう。　一つ6〔48点〕

(1) 漢字学習の秘伝。（　　）
(2) 聖火ランナー（　　）
(3) 絹の歴史。（　　）
(4) 日の出を拝む。（　　）
(5) 鉄鋼の輸出。（　　）
(6) 十人十色（　　）
(7) 死亡の原因。（　　）
(8) 梅干しを食べる。（　　）

2 次の漢字は、一部がまちがっています。正しく書き直しましょう。　一つ7〔28点〕

(1) 宅 → □
(2) 棒 → □
(3) 策 → □
(4) 収 → □

3 ――の送り仮名が正しいものに、○をつけましょう。　一つ6〔24点〕

(1)
ア（　）雪を頂く山。
イ（　）雪を頂だく山。
ウ（　）雪を頂ただく山。

(2)
ア（　）後方に退く。
イ（　）後方に退ぞく。
ウ（　）後方に退りぞく。

(3)
ア（　）人を疑う。
イ（　）人を疑がう。
ウ（　）人を疑たがう。

(4)
ア（　）難い問題。
イ（　）難しい問題。
ウ（　）難かしい問題。

答えは69ページ

かくにん 21

カンジー博士の漢字学習の秘伝 (1)

教科書 170〜171ページ

月　日

10分　／100点

1 □に当てはまる漢字を書きましょう。　一つ8〔56点〕

(1) □□（ひでん）をさずける。

(2) □□（せいか）をともす。

(3) □（きぬ）の洋服。

(4) 仏像を□（おが）む。

(5) □□（てっこう）を輸出する。

(6) □□（しぼう）事故を防ぐ。

(7) 梅□（ぼ）しを生産する。

2 ――の言葉を、形に気をつけて漢字で書きましょう。　一つ7〔14点〕

(1) 地イキの図書館。□

(2) ジョウ気機関車 □

3 ――の言葉を、漢字と送り仮名（がな）で書きましょう。　一つ6〔30点〕

(1) 七時ごろに日がくれる。（　　）

(2) おさない弟の世話をする。（　　）

(3) あぶない行動をさける。（　　）

(4) 祖父母をうやまう。（　　）

(5) こころよい風がふく。（　　）

答えは70ページ

きほん 22

カンジー博士の漢字学習の秘伝 (2)

教科書170～171ページ

月　日

10分

／100点

1 ――の漢字の読み仮名(がな)を書きましょう。 一つ5〔50点〕

(1) 母の郷里。（　　）

(2) 観衆の目。（　　）

(3) 郵便が届く。（　　）

(4) 家賃をはらう。（　　）

(5) 孝行なむすこ。（　　）

(6) 預金をする。（　　）

(7) 穀物を食べる。（　　）

(8) 米俵を積む。（　　）

(9) 物を預ける。（　　）

(10) 土俵に立つ。（　　）

2 複数の音訓をもつ漢字の読み仮名を書きましょう。 一つ5〔50点〕

(1)
- Ⓐ 無理な注文。（　　）
- Ⓘ 無事をいのる。（　　）

(2)
- Ⓐ 読点を打つ。（　　）
- Ⓘ 文章読本（　　）

(3)
- Ⓐ 絵画の背景。（　　）
- Ⓘ 背比べをする。（　　）
- Ⓤ 背がのびる。（　　）

(4)
- Ⓐ ガスの供給。（　　）
- Ⓘ 花を供える。（　　）
- Ⓤ 供を連れる。（　　）

答えは70ページ

かくにん 22

教科書 170～171ページ

カンジー博士の漢字学習の秘伝 (2)

月　日

10分　／100点

1 □に当てはまる漢字を書きましょう。　一つ7〔70点〕

(1) 大勢の□□（かんしゅう）。

(2) □□（ゆうびん）を出す。

(3) □□（やちん）が高い。

(4) 親に□□（こうこう）する。

(5) □□（よきん）をおろす。

(6) □□（こくもつ）を作る。

(7) □□（こめだわら）をかつぐ。

(8) □□□（しゅうぎいん）議員

(9) 荷物を□（あず）ける。

(10) □□（どひょう）の上。

2 □には共通の漢字が入ります。当てはまる漢字を［　］から選んで、書きましょう。　一つ5〔30点〕

(1) □守　□学

(2) □船　□石

(3) □型　規□

(4) □木林　□談

(5) □者　□士

(6) 復□　□味

雑　留　模　推　宝　興　貿　武

答えは70ページ

きほん 23

教科書172ページ

漢字の広場④

月　日

／100点　10分

1 ――の漢字の読み仮名を書きましょう。　一つ4〔100点〕

(1) 番組制作
(2) 提案をする。
(3) 複数の人。
(4) 資料を集める。
(5) 食品の輸入。
(6) 他国との貿易。
(7) 利益を上げる。
(8) 国際情勢
(9) 報道の仕事。
(10) ニュースの解説。
(11) 準備を行う。
(12) 長さを測る。
(13) 指示を出す。
(14) 武士の身分。
(15) 貧しい生活。
(16) 指導を受ける。
(17) 質素な生活。
(18) 上手な演技。
(19) 逆転して勝つ。
(20) 良い成績。
(21) 賞品をもらう。
(22) 税金をはらう。
(23) 自分の主張。
(24) 賛成の意見。
(25) 政治家になる。

答えは70ページ

かくにん 23

漢字の広場④

教科書172ページ

月　日

10分

／100点

1 □に当てはまる漢字を書きましょう。　一つ4〔100点〕

(1) □□（ていあん）を受けいれる。

(2) □□（ふくすう）の□□（しりょう）。

(3) □□（こうぶつ）の□□（ゆにゅう）。

(4) □□（ぼうえき）の□□（りえき）。

(5) □□（ほうどう）の□□（かいせつ）。

(6) □□（じゅんび）をおこたる。

(7) 会場の□□（せつえい）。

(8) きょりを□（はか）る。

(9) 適切な□□（しじ）。

(10) □□（ぶし）の□（つま）。

(11) □□（えんぎ）の□□（しどう）。

(12) □□（しっそ）な身なり。

(13) □□（せいせき）が上がる。

(14) □□（ぎゃくてん）勝ちをする。

(15) 優勝者への□□（しょうひん）。

(16) □□（ぜいきん）を納める。

(17) □□（しゅちょう）を□（の）べる。

(18) □□（さんせい）と反対。

答えは70ページ

教科書173～195ページ

ぼくのブック・ウーマン
おすすめパンフレットを作ろう
季節の言葉4　冬のおとずれ

月　　日

／100点

1 ――の漢字の読み仮名（がな）を書きましょう。　一つ11〔44点〕

(1) 英語を訳す。（　　）

(2) 道を忘れる。（　　）

(3) 暖炉（ろ）を囲む。（　　）

(4) 作詞作曲（　　）

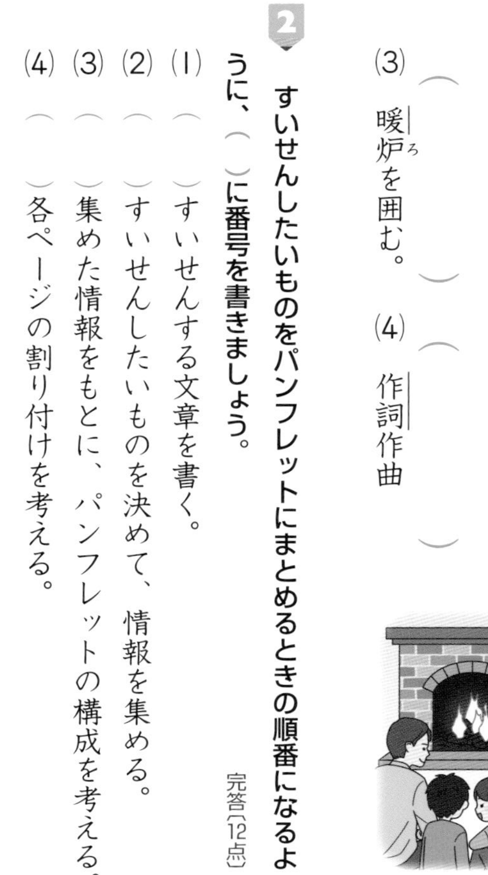

2 すいせんしたいものをパンフレットにまとめるときの順番になるように、（　）に番号を書きましょう。　完答〔12点〕

(1)（　）すいせんする文章を書く。

(2)（　）すいせんしたいものを決めて、情報を集める。

(3)（　）集めた情報をもとに、パンフレットの構成を考える。

(4)（　）各ページの割り付けを考える。

3 次の説明に当てはまる季節の言葉をア～エから選んで、記号で答えましょう。　一つ11〔44点〕

(1) こよみのうえで、この日から冬が始まる。（　）

(2) この日からだんだん寒さが増し、雪も多く降るようになる。（　）

(3) この日が一年の中で昼がいちばん短く、夜がいちばん長い。（　）

(4) これから立春までの「寒」の始め、「寒の入り」に当たる。（　）

ア　小寒（しょうかん）　イ　大雪（たいせつ）　ウ　冬至（とうじ）　エ　立冬（りっとう）

答えは70ページ

教科書173〜195ページ

ぼくのブック・ウーマン
おすすめパンフレットを作ろう
季節の言葉4　冬のおとずれ

月　日

10分　／100点

1 □に当てはまる漢字を書きましょう。　一つ10〔40点〕

(1) 英語の本の□（やく）。

(2) □（わす）れ物をする。

(3) 居間の□（だん）炉（ろ）。

(4) 校歌の□□（さくし）。

2 パンフレットの構成を考えるときに、大切なことをまとめた次の文章の（　）に当てはまる言葉を、□から選んで書きましょう。　一つ12〔24点〕

。全体のページ数を決め、各ページに何を書くかを考える。

。（　　）するものを、どの順序でのせると効果的かを考える。

。パンフレット全体のテーマと、それぞれのページの内容との（　　）を考える。

すいせん　つながり　呼びかけ

3 （　）に当てはまる季節を表す言葉を□から選んで、漢字に直して書きましょう。　一つ12〔36点〕

（　　）→小雪（しょうせつ）→大雪（たいせつ）→（　　）→小寒（しょうかん）→（　　）

だいかん　とうじ　りっとう

答えは70ページ

きほん 25

教科書 196〜203ページ

詩を朗読してしょうかいしよう
知ってほしい、この名言
日本の文字文化
仮名づかい

月　日

10分　／100点

1 ——の漢字の読み仮名を書きましょう。　一つ4〔12点〕

(1) 詩の朗読。（　　）
(2) 胸を打つ。（　　）
(3) 片仮名で書く。（　　）

2 次の説明に当てはまる言葉をア〜エから二つずつ選び、記号で答えましょう。　一つ5〔20点〕

(1) 意味を表さず、音だけを表す文字。（　）（　）
(2) 一字一字が意味を表す文字。（　）（　）

ア 表意文字　イ 表音文字
ウ 仮名　エ 漢字

3 次の漢字からできた片仮名を書きましょう。　一つ4〔36点〕

(1) 宇（　）　(2) 加（　）　(3) 世（　）
(4) 比（　）　(5) 保（　）　(6) 由（　）
(7) 利（　）　(8) 和（　）　(9) 八（　）

4 仮名づかいに注意して、次の言葉の読み仮名を書きましょう。　一つ4〔32点〕

(1) 近所（　　）　(2) 間近（　　）
(3) 頭痛（　　）　(4) 五重（　　）
(5) 退治（　　）　(6) 地蔵（　　）
(7) 鼻血（　　）　(8) 底力（　　）

答えは70ページ

かくにん 25

詩を朗読してしょうかいしよう
知ってほしい、この名言
日本の文字文化
仮名づかい

教科書196～203ページ

月　日

10分　／100点

1 □に当てはまる漢字を書きましょう。　一つ10〔30点〕

(1) 本を□□（ろうどく）する。

(2) □（むね）をおどらせる。

(3) 平仮名と□（かた）仮名。

2 次の平仮名で書かれた文を、漢字仮名交じり文で書きましょう。　一つ10〔30点〕

(1) しんぶんでにゅーすのかいせつをみる。
（　　　）

(2) こうていでひゃくめーとるきょうそうをおこなう。
（　　　）

(3) ろけっとでじんこうえいせいをうちあげる。
（　　　）

3 意味に注意して、□に当てはまる漢字を書きましょう。　一つ10〔40点〕

(1) □□（きき）がせまる。

(2) □□（せんとう）に通う。

(3) □□（しょめい）を集める。

(4) □□（かんけつ）な文章。

答えは70ページ

漢字の広場⑤

月　日

／100点

1 ——の漢字の読み仮名を書きましょう。　一つ4〔100点〕

(1) 内科の医師。（　　）
(2) 薬が効く。（　　）
(3) 決を採る。（　　）
(4) 血液型を知る。（　　）
(5) 米を貯蔵する。（　　）
(6) 犯罪防止の看板。（　　）
(7) 職務につく。（　　）
(8) 夕刊を配る。（　　）
(9) 商品の価格。（　　）
(10) 豊富な品物。（　　）
(11) 小麦粉を買う。（　　）
(12) 消費税がかかる。（　　）
(13) 綿織物の工場。（　　）
(14) 領収書を書く。（　　）
(15) 興味がある。（　　）
(16) 芸術の秋。（　　）
(17) 個性的な作品。（　　）
(18) 評判がよい。（　　）
(19) 版画を刷る。（　　）
(20) 弁当を売る。（　　）
(21) 衛生を保つ。（　　）
(22) 半額セール（　　）
(23) 清潔なタオル。（　　）
(24) 消毒をする。（　　）
(25) 適切な接客。（　　）

答えは71ページ

かくにん26

漢字の広場⑤

教科書204ページ

月　日

10分

／100点

1 □に当てはまる漢字を書きましょう。　一つ4〔100点〕

(1) □□（がんか）の□□（いし）。

(2) 寒いので□□（あつぎ）する。

(3) □□□（けつえきがた）の検査。

(4) □□（せいまい）してぬかを除く。

(5) 小麦□（こ）の□□（ちょぞう）。

(6) 親切に□□（おうたい）する。

(7) □□（しょくむ）を果たす。

(8) 百円□□（きんいつ）の商品。

(9) □□（ゆうかん）の□□（かかく）。

(10) □□（ほうふ）な□（ぬの）。

(11) 日本の□□□（しょうひぜい）。

(12) □□□（こせいてき）な人。

(13) 芸□（じゅつ）への□（きょう）味。

(14) □□（ひょうばん）の□（あ）み物。

(15) □□（えいせい）に注意する。

(16) □□（はんがく）の□□（べんとう）。

(17) □□（せいけつ）な台所。

(18) □□（せっきゃく）の仕事。

答えは71ページ

教科書 205〜216ページ

「考える」とは／考えることとなやむこと 考えることを考え続ける 考える人の行動が世界を変える 使える言葉にするために (1)

月　日

／100点

1 ——の漢字の読み仮名を書きましょう。　一つ6〔36点〕

(1) 演劇サークル（　　）
(2) 将来の夢。（　　）
(3) 天皇のお言葉。（　　）
(4) 皇后様のお話。（　　）
(5) 国王陛下（　　）
(6) 日本国憲法（　　）

2 反対の意味の言葉を、□の漢字を使って書きましょう。　一つ8〔32点〕

(1) 複雑←→（　　）
(2) 不要←→（　　）
(3) 安全←→（　　）
(4) 損失←→（　　）

益　簡　危　単　険　必　利　要

3 矢印の向きに読むと、上の漢字とも下の漢字とも熟語になるように、□に入る漢字を□から選んで、書きましょう。　一つ8〔32点〕

例　小→□→生　　答え　学　（小学　学生）

(1) 疑→□→題　□
(2) 演→□→団　□
(3) 住→□→話　□
(4) 将→□→週　□

解　劇　民　問　来　理

答えは71ページ

教科書205～216ページ

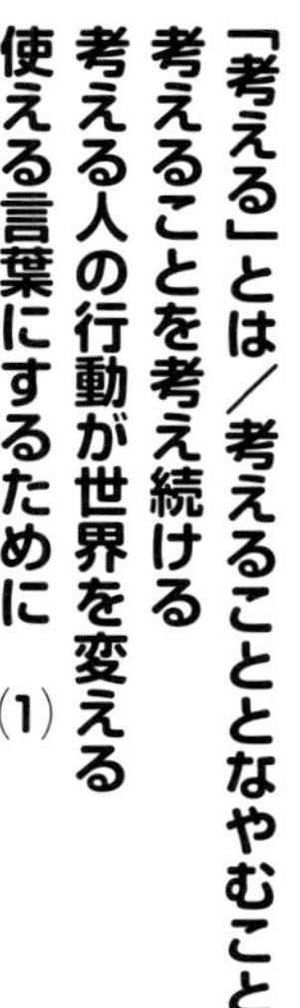

「考える」とは／考えることとなやむこと　考えることを考え続ける　考える人の行動が世界を変える　使える言葉にするために　(1)

月　　日

／100点

1 □に当てはまる漢字を書きましょう。　一つ6〔36点〕

(1) □□（えんげき）を見る。

(2) □□（しょうらい）やりたい仕事。

(3) □□（てんのう）誕生日

(4) □□（こうごう）様に会う。

(5) 女王□□（へいか）

(6) □□（けんぽう）記念日

2 次の教科でよく使われる言葉を□から選んで、漢字で書きましょう。　一つ4〔64点〕

(1) 国語（　　）（　　）（　　）（　　）

(2) 社会（　　）（　　）（　　）（　　）

(3) 算数（　　）（　　）（　　）（　　）

(4) 理科（　　）（　　）（　　）（　　）

えんちゅう　かせき　こうせい　こきゅう
じょうはつ　じょうやく　せんきょ　そくめん
たんい　だんらく　はつが　ほうりつ
ようやく　ろうどう　ろうどく　わりあい

答えは71ページ

きほん 28

教科書215～220ページ

使える言葉にするために (2) 日本語の特徴

月　日

10分　／100点

1 ――の漢字の読み仮名を書きましょう。　一つ8〔56点〕

(1) 新たな政党。（　　）
(2) 新しい内閣。（　　）
(3) 制度の改革。（　　）
(4) 宗教を信じる。（　　）（　　）
(5) 垂直に交わる。（　　）（　　）
(6) 地層を調べる。（　　）（　　）
(7) 磁石を使う。（　　）（　　）

2 送り仮名が正しいほうに、○をつけましょう。　一つ4〔24点〕

(1) ア（　）比る　イ（　）比べる
(2) ア（　）続る　イ（　）続ける
(3) ア（　）決る　イ（　）決まる
(4) ア（　）表す　イ（　）表わす
(5) ア（　）食る　イ（　）食べる
(6) ア（　）加る　イ（　）加わる

3 次の言葉を英語で言い表すとどの言葉になるでしょう。ア～ウから選んで、記号で答えましょう。　一つ4〔20点〕

(1) 兄（　）　(2) 姉（　）　(3) 妹（　）
(4) 弟（　）　(5) 私（　）

ア brother　イ I　ウ sister

答えは71ページ

教科書 215～220ページ

使える言葉にするために(2)
日本語の特徴(ちょう)

月　日

10分　／100点

1 □に当てはまる漢字を書きましょう。　一つ8〔56点〕

(1) 多くの［せいとう］。

(2) ［ないかく］を支持する。

(3) 組織を［かいかく］する。

(4) ［しゅうきょう］音楽

(5) ［すいちょく］にたらす。

(6) ［ちそう］を見る。

(7) ［じしゃく］で遊ぶ。

2 次の言葉は、教科でよく使われるものです。これらの中から一つだけ別の教科で使われる言葉を選んで書きましょう。　一つ11〔22点〕

(1) 意図　憲法　国会　天皇（　　）

(2) 消化　平行　面積　約数（　　）

3 日本語の特徴(ちょう)について述べた、次の文の（　）に当てはまる言葉をア～ウから選んで、記号で答えましょう。　一つ11〔22点〕

○ 日本語では（　）を省略することがよくあり、（　）は文の最後に来ることが多い。

ア 主語　　イ 修飾(しょく)語　　ウ 述語

答えは71ページ

きほん 29

教科書 221〜230ページ

大切にしたい言葉
今、私は、ぼくは

月　日

10分　／100点

1 ――の漢字の読み仮名(がな)を書きましょう。　一つ13〔78点〕

(1) 体操の選手。（　　）

(2) 立候補する。（　　）

(3) 音楽担当の先生。（　　）

(4) 姿をかくす。（　　）

(5) 案を検討する。（　　）

(6) 専属の栄養士。（　　）

2 大切にしたい言葉について作文を書くときの順番になるように、ア〜オを並べましょう。　完答〔11点〕

ア　書き表し方を工夫して清書する。

イ　書く分量を確かめ、文章構成を考える。

ウ　下書きをし、読み合って推敲(こう)する。

エ　大切にしたい言葉に関連する経験を書き出す。

オ　大切にしたい言葉を選ぶ。

（　）→（　）→（　）→（　）→（　）

3 資料を使ってスピーチをするときの順番になるように、ア〜オを並べましょう。　完答〔11点〕

ア　構成を考えて、スピーチメモを作る。

イ　資料を準備する。

ウ　スピーチをする。

エ　スピーチの練習をする。

オ　スピーチの話題と内容を決める。

（　）→（　）→（　）→（　）→（　）

答えは71ページ

かくにん 29

教科書 221～230ページ

大切にしたい言葉
今、私は、ぼくは

月　日

10分　／100点

1 □に当てはまる漢字を書きましょう。　一つ9〔54点〕

(1) ラジオ□□（たいそう）

(2) □□□（りっこうほ）予定者

(3) 救護を□□（たんとう）する。

(4) ありのままの□（すがた）。

(5) 内容を□□（けんとう）する。

(6) □□（せんぞく）のコーチ。

2 自分の思いを的確に伝える作文を書くときに大切なことをまとめた次の文の（　）に当てはまる言葉を□から選んで書きましょう。　一つ10〔30点〕

。自分の経験や（　　）が、読む人にわかるように、書き分けたり、（　　）書いたりする。

。文章の調子などの点から（　　）を工夫して書く。

思い　おもしろく　くわしく　事実　表現

3 スピーチをするときに大切なことをまとめた次の文の（　）に当てはまる言葉を□から選んで書きましょう。　一つ8〔16点〕

。（　　）の強弱や話す速さ、（　　）の取り方を工夫する。

声　間　表情

答えは71ページ

きほん 30

海の命

教科書231～246ページ

月　日

10分　／100点

1 ――の漢字の読み仮名を書きましょう。　一つ7〔42点〕

(1) 潮の流れ。（　　）
(2) つり針（　　）
(3) 穴のおく。（　　）
(4) 灰色の魚。（　　）
(5) 興奮する。（　　）
(6) 無事に済む。（　　）

2 次の漢字の部首のほうに、○をつけましょう。　一つ6〔12点〕

(1) 灰　ア（　）厂　イ（　）火
(2) 奮　ア（　）大　イ（　）田

3 次の意味の言葉をア～オから選んで、記号で答えましょう。　一つ6〔18点〕

(1) 川や海の流れが速い場所。また、それらの浅い場所。（　　）
(2) ある物が音を出すことで、他の物も音を出すこと。（　　）
(3) 規模が大きくて立派であること。（　　）

ア 共鳴　イ 屈強（くっ）　ウ 瀬（せ）　エ 壮大（そう）　オ 不意

4 次の言葉と似た意味の言葉をア～エから選んで、記号で答えましょう。　一つ7〔28点〕

(1) ことされる（　　）
(2) たぐる（　　）
(3) はばかる（　　）
(4) ひそむ（　　）

ア えんりょする　イ かくれる
ウ 引き寄せる　エ 死ぬ

答えは72ページ

海の命

教科書231～246ページ

月　日

／100点　10分

1 □に当てはまる漢字を書きましょう。　一つ10〔60点〕

(1) 海の□（しお）が引く。

(2) つり□（ばり）とさお。

(3) 服に□（あな）が空く。

(4) □□（はいいろ）のくもり空。

(5) □□（こうふん）をおさえる。

(6) 話が□（す）む。

2 （　）に当てはまる言葉をア～オから選んで、記号で答えましょう。　一つ8〔24点〕

(1) クエは体が大きく、まるで（　）のようだった。

(2) クエのひとみは黒い（　）のようだった。

(3) クエの口には（　）のような歯が並んでいた。

ア 岩　イ 音楽　ウ しんじゅ　エ 流れ　オ 刃物

3 次の文中からまちがって使われている漢字をぬき出し、正しく書き直しましょう。　両方できて一つ8〔16点〕

(1) 真夏のある熱い日のことだった。

□→□

(2) つりばりにえさを着けて海に投げ入れた。

□→□

答えは72ページ

漢字の広場⑥

教科書247ページ

月　日

10分　／100点

1 ——の漢字の読み仮名を書きましょう。　一つ4〔100点〕

(1) 新しい校舎。（　　）
(2) 早起きの習慣。（　　）
(3) 所属チーム（　　）
(4) 得意な科目。（　　）
(5) 野球の基本。（　　）
(6) 効率よく行う。（　　）
(7) 本の製造過程。（　　）
(8) 修学旅行の日。（　　）
(9) 新幹線に乗る。（　　）
(10) 変わらぬ友情。（　　）
(11) 永久にねむる。（　　）
(12) 小学校の恩師。（　　）
(13) 学校での授業。（　　）
(14) 総力を挙げる。（　　）
(15) 団結する。（　　）
(16) 圧勝する。（　　）
(17) 事典の編集。（　　）
(18) 数多くの経験。（　　）
(19) 話の構成。（　　）
(20) 形を統一する。（　　）
(21) 責任を負う。（　　）
(22) 小学校の講堂。（　　）
(23) 在校生の数。（　　）
(24) 大志をいだく。（　　）
(25) 兄の卒業証書。（　　）

答えは72ページ

漢字の広場⑥

教科書247ページ

月　日

／100点

1 □に当てはまる漢字を書きましょう。　一つ4〔100点〕

(1) □(だん)結して□(あっ)勝する。

(2) □□(こうりつ)のよい方法。

(3) □□(しょぞく)するチーム。

(4) 散歩をする□□(しゅうかん)。

(5) □□(おんし)の□□(じゅぎょう)。

(6) □□□(きこうぶん)を読む。

(7) □(こう)成の□□(とういつ)。

(8) □□(へんしゅう)の□□(きほん)。

(9) □□(せきにん)を感じる。

(10) 卒業□□(しょうしょ)

(11) 結果を□□(ほうこく)する。

(12) □□(そうりょく)戦になる。

(13) □□(えいきゅう)の□□(ゆうじょう)。

(14) □□(たいし)をいだく。

(15) □□(こうどう)の前の□(さくら)。

(16) □□□□(せいぞうかてい)

(17) □(しゅう)学旅行の□(けい)験。

(18) □□□(ざいこうせい)の人数。

答えは72ページ

答え

1　3・4ページ

1 (1)してん　(2)すな　(3)はら
(4)かいだん　(5)なら　(6)ふ
(7)みと　(8)あら

2 (1)イ　(2)ア　(3)エ　(4)ウ

3 (1)ア　(2)イ

★★★

1 (1)視点　(2)砂　(3)腹　(4)階段
(5)並　(6)降　(7)認　(8)洗

2 (1)帰る　(2)好き　(3)遠い
(4)冷たい　(5)入る　(6)明るい

2　5・6ページ

1 (1)いぶつ　(2)たんじゅん
(3)はんしゃ　(4)せなか　(5)す
(6)した　(7)らんだ　(8)い
(9)はいご　(10)みだ

2 (1)みる　(2)こざとへん　(3)た
(4)にくづき(にく)

3 (1)そわそわ　(2)みるみる
(3)じたばた

★★★

1 (1)異物　(2)単純　(3)反射
(4)背中　(5)捨　(6)舌　(7)乱打

2 (1)質問　(2)自然　(3)得意　(4)賛成

3 (1)ア　(2)ウ　(3)イ

3　7・8ページ

1 (1)ちいき　(2)ざっし
(3)えいぞう　(4)かくだい
(5)てんじ　(6)しょぞう　(7)ほうもん

2 (1)イ・オ・カ(順序なし)
(2)ア・ウ・エ(順序なし)

3 (1)1　(2)3　(3)2

★★★

1 (1)地域　(2)雑誌　(3)映像　(4)拡大
(5)展示　(6)所蔵　(7)訪問

2 (1)ア資・オ貸(順序なし)
(2)イ技・カ捨(順序なし)
(3)ウ調・エ証(順序なし)

4　9・10ページ

1 (1)われわれ　(2)でんしょう
(3)じょうき　(4)さいしん
(5)たいしょ　(6)しゅうしょく
(7)りんかい　(8)したが

2 (1)ⓐ青　ⓘせい　(2)ⓐ反　ⓘはん
(3)ⓐ召　ⓘしょう
(4)ⓐ圣　ⓘけい　(5)ⓐ㑒　ⓘけん
(6)ⓐ化　ⓘか

★★★

1 (1)我々　(2)伝承　(3)蒸気
(4)対処　(5)就職　(6)臨海　(7)従

2 イ・ぎょうにんべん

3 (1)そく・例測・側 (2)せき・例積・績 (3)ちょう・例張・帳

5 11・12ページ

1 (1)おんじん (2)さいばんかん (3)ほうりつ (4)のう (5)しんぞう (6)ちょう (7)はい (8)い

2 (1)さんずい・**ウ** (2)てへん・**イ** (3)ごんべん・**オ**

3 **イ**・**ア**

★★★

1 (1)恩人 (2)裁判官 (3)法律 (4)脳 (5)心臓 (6)腸 (7)肺 (8)胃

2 (1)車・まだれ (2)税・のぎへん (3)雪・あめかんむり

6 13・14ページ

1 (1)さくら (2)ふっきゅう (3)かいちく (4)ぼうさい (5)こうかい (6)も (7)くかい (8)きんし (9)しんぷ (10)きこう (11)かこう (12)けんしょう (13)げんいん (14)ぶつぞう (15)たがや (16)ていしゃ (17)すいしつ (18)ちょうさ (19)けんざかい（けんきょう） (20)にゅうきょ (21)ぶんかざい (22)ひりょう (23)だんち (24)おうふく (25)さんみゃく

★★★

1 (1)事故・原因 (2)団地・改築 (3)仏像・歴史 (4)財・保護 (5)桜・囲 (6)句会 (7)河口・水質 (8)復旧 (9)防災 (10)航海 (11)燃 (12)禁止 (13)検証 (14)往復 (15)肥料・調査 (16)山脈 (17)県境 (18)寄港

7 15・16ページ

1 (1)わたし（わたくし） (2)みっせつ (3)よ (4)こきゅう (5)そんざい (6)じこく (7)げき (8)かんたん (9)つくえ (10)むずか (11)ぎもん

2 (1)**ウ** (2)**ア** (3)**イ**

3 (1)**ウ** (2)**エ** (3)**イ** (4)**ア**

★★★

1 (1)密接 (2)呼吸 (3)存在 (4)時刻 (5)激 (6)机 (7)難 (8)疑問

2 (1)ともだち (2)へや

3 (1)多 (2)笑 (3)減 (4)悪

8 17・18ページ

1 (1)けんばいき (2)こしょう (3)りっぱ (4)けいさつしょ (5)せんとう (6)つと

2 (1)**エ** (2)**ア** (3)**イ** (4)**ウ**

3 (1)**ア** (2)**ア**

★★★

1 (1)券売機 (2)故障 (3)立派 (4)警察署 (5)銭湯 (6)勤

2 (1)主語**ア**—述語**イ**・主語**オ**—述語**カ**（順序なし） (2)主語**ア**—述語**イ**・

主語ウ—述語オ（順序なし）
(3)主語ア—述語ウ・
主語エ—述語カ（順序なし）
(4)主語ア—述語イ・
主語ウ—述語カ（順序なし）

9 19・20ページ

1 (1)しょがいこく (2)ていきょう
(3)しゅうのう (4)にまい (5)そ
(6)せんげん

2 (1)例そのため、ぼくは水をよく飲んだ。
(2)例その本（それ）は友達から借りたものだ。
(3)例そのスーパー（そこ）は多くの人が利用する。
(4)例その洋服（それ）は今まで姉が着ていた。

★★★

1 (1)諸外国 (2)提供 (3)収納
(4)二枚 (5)染 (6)宣言

2 (1)・空が暗くなってきた。
・例そして大つぶの雨が降り出した。
(2)・私はケーキを作った。
・例そのケーキ（それ）を妹はおいしそうに食べた。
(3)・ぼくはコップを大切にしていた。
・例そのコップ（それ）がわれてしまった。

10 21・22ページ

1 (1)く (2)さが (3)せいざ
(4)おさな (5)ちょさくけん
(6)そんちょう (7)しょうぼうちょう
(8)そうち (9)とど (10)そ
(11)さんさつ

2 五・七・三十一

3 (1)イ (2)ア

4 イ

★★★

1 (1)暮 (2)探 (3)星座 (4)著作権
(5)尊重 (6)消防庁 (7)装置 (8)届

2 (1)イ・ウ（順序なし）
(2)ア・エ（順序なし）

11 23・24ページ

1 (1)うちゅう (2)はいく (3)なん
(4)ご (5)じまく (6)まいばん
(7)もけい (8)まど (9)の (10)ぎろん

2 (1)にんべん (2)りっとう
(3)はば (4)あなかんむり

3 (1)イ (2)ア (3)イ (4)イ (5)ア

★★★

1 (1)宇宙 (2)俳句 (3)誤 (4)字幕
(5)毎晩 (6)模型 (7)窓 (8)議論

2 (1)験 (2)性 (3)個 (4)協

3 (1)議論 (2)宇宙

12 25・26ページ

1 (1)じゅえき (2)らん (3)ねあ
(4)しげん (5)はいたい (6)きび
(7)はいゆう (8)すいてい
(9)きちょう (10)たいさく

2 (1)ア (2)イ

3 (1)ア・エ（順序なし）

(2)イ・ウ(順序なし)

★★★

1 (1)樹液 (2)覧 (3)敗退 (4)厳 (5)俳優 (6)推定 (7)貴重 (8)対策

2 (1)減らす (2)難しい

3 (1)ウ (2)ア (3)イ・エ

13 27・28ページ

1 (1)きょか (2)じゅんじょ (3)ささ (4)か (5)じょうけん (6)かのう (7)そふ (8)へ (9)ふ (10)かめん (11)どうぞう (12)ことわ (13)にがおえ (14)こんざつ (15)さんみ (16)と (17)おおぜい (18)あま (19)くら (20)きそく (21)りゃくず (22)ようき (23)たし

2 (1)増・減 (2)貸・借

★★★

1 (1)容器・余 (2)略図・比 (3)許可 (4)順序 (5)支 (6)条件 (7)可能 (8)祖父 (9)仮面 (10)銅像 (11)断 (12)似顔絵 (13)混雑 (14)酸味 (15)留 (16)大勢 (17)規則 (18)確

14 29・30ページ

1 (1)ちぢ (2)ぼう (3)じゅく (4)じゃく (5)すんぽう (6)しきしゃ (7)いた (8)ひひょう (9)きず (10)わかもの (11)と (12)いしょ (13)よくじつ

2 (1)ウ (2)オ (3)エ (4)ア (5)イ

★★★

1 (1)棒 (2)熟 (3)尺 (4)指揮者

(5)批評 (6)傷 (7)若者 (8)閉 (9)遺書 (10)翌日

2 (1)エ (2)ウ (3)オ (4)ア (5)カ (6)イ

15 31・32ページ

1 (1)しょうたいじょう (2)か (3)あらわ (4)かいてき (5)ぼうふうう (6)きしょう (7)ひじょうじたい (8)はかば (9)はそん (10)ひと (11)さっぷうけい (12)まよ (13)げんかい (14)けわ (15)えだ (16)ゆめ (17)ぜつぼう (18)せいぎ (19)かんしゃ (20)さいかい (21)しつもん (22)はくしき (23)きゅうじょ (24)よろこ (25)ひさ

★★★

1 (1)招待状 (2)飼・独 (3)夢・現 (4)快適・移動 (5)象・質 (6)暴風雨 (7)非常事態 (8)墓場・枝 (9)破損 (10)殺風景 (11)険・迷 (12)絶望 (13)救助 (14)限界 (15)正義 (16)博識 (17)再会・喜 (18)久

16 33・34ページ

1 (1)じゅうおう (2)さんちょう (3)せんがん (4)ちゅうせい (5)きょうてき (6)ようさん (7)ぎょくせき (8)じこ (9)じょせつ

2 (1)イ (2)エ (3)ウ (4)ア (5)イ (6)エ (7)ア (8)ウ (9)エ (10)ウ (11)エ (12)ア (13)イ (14)ア (15)ウ (16)ウ

★★★

1 (1)縦横 (2)山頂 (3)忠誠

(4)強敵 (5)養蚕 (6)自己 (7)除雪

2 (1)あ久 い利 (2)あ温 い友 う鳥 (3)あ防 い心 う開

17 35・36ページ

1 (1)くらく (2)じんあい (3)おんせん (4)うらにわ (5)ぎんがけい (6)かめいこく (7)いよくてき (8)かくいつてき (9)かぶしき

2 (1)ア (2)イ (3)ウ (4)イ (5)ア (6)ウ

3 (1)○ (2)× (3)× (4)○ (5)×

★★★

1 (1)仁愛 (2)温泉 (3)裏庭 (4)銀河系 (5)加盟国 (6)意欲的 (7)株式

2 (1)不 (2)非 (3)無 (4)未

3 (1)化 (2)的 (3)性 (4)化

18 37・38ページ

1 (1)かいぜんてん (2)はん (3)きけん (4)やくわり (5)ひていてき (6)くちょう (7)しきゅう (8)きたく (9)さとう (10)こうちゃ (11)よ

2 (1)ア・オ (2)オ・エ (3)イ・ウ

★★★

1 (1)改善点 (2)班 (3)危険 (4)役割 (5)否定的 (6)至急 (7)帰宅 (8)砂糖 (9)紅茶 (10)善 (11)危 (12)口紅

2 (1)イ (2)ウ

19 39・40ページ

1 (1)たまご (2)ぎゅうにゅう (3)そうぎょう (4)そう (5)たんじょう (6)こま (7)かんびょう

2 (1)四 (2)七

3 (1)△ (2)○ (3)○ (4)△ (5)△ (6)○ (7)△

★★★

1 (1)卵 (2)牛乳 (3)創業 (4)奏 (5)誕生 (6)困 (7)看病 (8)創 (9)困難

2 (1)○ (2)△ (3)○ (4)△ (5)△ (6)○ (7)△ (8)○

20 41・42ページ

1 (1)すじ (2)も (3)こっかく (4)かん (5)こくほう (6)きょうど (7)うやま (8)ま (9)たから

2 (1)イ (2)オ (3)カ (4)キ (5)ア (6)ウ (7)エ (8)ク

★★★

1 (1)筋 (2)盛 (3)骨格 (4)巻 (5)国宝 (6)郷土 (7)敬 (8)筋肉 (9)敬老

2 (1)記→紀 (2)功→効 (3)測→則 (4)源→原

21 43・44ページ

1 (1)ひでん (2)せいか (3)きぬ (4)おが (5)てっこう (6)といろ (7)しぼう (8)ぼ

2 (1)宅 (2)棒 (3)策 (4)収

3 (1)ア (2)ア (3)ア (4)イ

★★★

1
(1)秘伝　(2)聖火　(3)絹　(4)拝
(5)鉄鋼　(6)死亡　(7)干

2
(1)域　(2)蒸

3
(1)暮れる　(2)幼い　(3)危ない
(4)敬う　(5)快い

22　45・46ページ

1
(1)きょうり　(2)かんしゅう
(3)ゆうびん　(4)やちん
(5)こうこう　(6)よきん
(7)こくもつ　(8)こめだわら
(9)あず　(10)どひょう

2
(1)㋐む　㋑ぶ　(2)㋐とう　㋑とく
(3)㋐はい　㋑せい　㋒せ
(4)㋐きょう　㋑そな　㋒とも

★★★

1
(1)観衆　(2)郵便　(3)家賃
(4)孝行　(5)預金　(6)穀物　(7)米俵
(8)衆議院　(9)預　(10)土俵

2
(1)留　(2)宝　(3)模　(4)雑　(5)武　(6)興

23　47・48ページ

1
(1)せいさく　(2)ていあん
(3)ふくすう　(4)しりょう
(5)ゆにゅう　(6)ぼうえき　(7)りえき
(8)こくさいじょうせい
(9)ほうどう　(10)かいせつ
(11)じゅんび　(12)はか　(13)しじ
(14)ぶし　(15)まず　(16)しどう
(17)しっそ　(18)えんぎ
(19)ぎゃくてん　(20)せいせき
(21)しょうひん　(22)ぜいきん
(23)しゅちょう　(24)さんせい
(25)せいじか

★★★

1
(1)提案　(2)複数・資料
(3)鉱物・輸入　(4)貿易・利益
(5)報道・解説　(6)準備　(7)設営
(8)測　(9)指示　(10)武士・妻
(11)演技・指導　(12)質素　(13)成績
(14)逆転　(15)賞品　(16)税金
(17)主張・述　(18)賛成

24　49・50ページ

1
(1)やく　(2)わす　(3)だん
(4)さくし

2
(1)4　(2)1　(3)2　(4)3

3
(1)エ　(2)イ　(3)ウ　(4)ア

★★★

1
(1)訳　(2)忘　(3)暖　(4)作詞

2
すいせん・つながり

3
立冬・冬至・大寒

25　51・52ページ

1
(1)ろうどく　(2)むね　(3)かた

2
(1)イ・ウ(順序なし)
(2)ア・エ(順序なし)

3
(1)ウ　(2)カ　(3)セ　(4)ヒ　(5)ホ
(6)ユ　(7)リ　(8)ワ　(9)ハ

4
(1)きんじょ　(2)まぢか　(3)ずつう
(4)ごじゅう　(5)たいじ　(6)じぞう
(7)はなぢ　(8)そこぢから

★★★

1
(1)朗読　(2)胸　(3)片

2
(1)新聞でニュースの解説を見る。
(2)校庭で百メートル競走を行う。

(3)ロケットで人工衛星を打ち上げる。

3 (1)危機　(2)銭湯　(3)署名　(4)簡潔

26 53・54ページ

1 (1)いし　(2)き　(3)と
(4)けつえきがた　(5)ちょぞう
(6)はんざいぼうし　(7)しょくむ
(8)ゆうかん　(9)かかく　(10)ほうふ
(11)こむぎこ　(12)しょうひぜい
(13)めんおりもの
(14)りょうしゅうしょ　(15)きょうみ
(16)げいじゅつ　(17)こせいてき
(18)ひょうばん　(19)はんが
(20)べんとう　(21)えいせい
(22)はんがく　(23)せいけつ
(24)しょうどく　(25)せっきゃく

★★★

1 (1)眼科・医師　(2)厚着　(3)血液型
(4)精米　(5)粉・貯蔵　(6)応対
(7)職務　(8)均一　(9)夕刊・価格
(10)豊富・布　(11)消費税　(12)個性的
(13)術・興　(14)評判・編　(15)衛生
(16)半額・弁当　(17)清潔　(18)接客

27 55・56ページ

1 (1)えんげき　(2)しょうらい
(3)てんのう　(4)こうごう
(5)へいか　(6)けんぽう

2 (1)簡単　(2)必要　(3)危険　(4)利益

3 (1)問　(2)劇　(3)民　(4)来

★★★

1 (1)演劇　(2)将来　(3)天皇
(4)皇后　(5)陛下　(6)憲法

2 (1)構成・段落・要約・朗読（順序なし）
(2)条約・選挙・法律・労働（順序なし）
(3)円柱・側面・単位・割合（順序なし）
(4)化石・呼吸・蒸発・発芽（順序なし）

28 57・58ページ

1 (1)せいとう　(2)ないかく
(3)かいかく　(4)しゅうきょう
(5)すいちょく　(6)ちそう　(7)じしゃく

2 (1)イ　(2)イ　(3)イ　(4)ア　(5)イ
(6)イ

3 (1)ア　(2)ウ　(3)ウ　(4)ア　(5)イ

★★★

1 (1)政党　(2)内閣　(3)改革
(4)宗教　(5)垂直　(6)地層　(7)磁石

2 (1)意図　(2)消化

3 ア・ウ

29 59・60ページ

1 (1)たいそう　(2)りっこうほ
(3)たんとう　(4)すがた
(5)けんとう　(6)せんぞく

2 オ→エ→イ→ウ→ア

3 オ→ア→イ→エ→ウ

★★★

1 (1)体操　(2)立候補　(3)担当
(4)姿　(5)検討　(6)専属

2 思い・くわしく・表現

3 声・間

30 61・62ページ

1 (1)しお (2)ばり (3)あな
(4)はいいろ (5)こうふん (6)す

2 (1)イ (2)ア

3 (1)ウ (2)ア (3)エ

4 (1)エ (2)ウ (3)ア (4)イ

★★★

1 (1)潮 (2)針 (3)穴 (4)灰色
(5)興奮 (6)済

2 (1)ア (2)ウ (3)オ

3 (1)熱→暑 (2)着→付

31 63・64ページ

1 (1)こうしゃ (2)しゅうかん
(3)しょぞく (4)とくい (5)きほん
(6)こうりつ (7)せいぞうかてい
(8)しゅうがく (9)しんかんせん
(10)ゆうじょう (11)えいきゅう
(12)おんし (13)じゅぎょう
(14)そうりょく (15)だんけつ
(16)あっしょう (17)へんしゅう
(18)けいけん (19)こうせい
(20)とういつ (21)せきにん
(22)こうどう (23)ざいこうせい
(24)たいし (25)しょうしょ

★★★

1 (1)団・圧 (2)効率 (3)所属
(4)習慣 (5)恩師・授業 (6)紀行文
(7)構・統一 (8)編集・基本 (9)責任
(10)証書 (11)報告 (12)総力
(13)永久・友情 (14)大志 (15)講堂・桜
(16)製造過程 (17)修・経 (18)在校生

3 2 1 0 9 8 7 6 5 4 ＊ ＊ D C B A